—THE—
PRINCIPAL 50

校长引导中层和教师
思考的50个问题

[美] 巴鲁蒂·K.卡费勒　著

Barutik. Kafele

中国青年出版社
CHINA YOUTH PRESS

中南文传媒

图书在版编目（CIP）数据

校长引导中层和教师思考的50个问题 /（美）巴鲁蒂·K.卡费勒著；张月佳译.
—北京：中国青年出版社，2018.1

书名原文：The Principal 50: Critical Leadership Questions for Inspiring Schoolwide Excellence.

ISBN 978-7-5153-4917-6

Ⅰ.①校… Ⅱ.①巴… ②张… Ⅲ.①学校管理 Ⅳ.①G47

中国版本图书馆CIP数据核字（2017）第225085号

校长引导中层和教师思考的50个问题

作　　者：〔美〕巴鲁蒂·K.卡费勒

译　　者：张月佳

责任编辑：周　红

美术编辑：张燕楠

出　　版：中国青年出版社

发　　行：北京中青文文化传媒有限公司

电　　话：010-65511270/65516873

公司网址：www.cyb.com.cn

购书网址：zqwts.tmall.com

印　　刷：大厂回族自治县益利印刷有限公司

版　　次：2018年1月第1版

印　　次：2021年10月第4次印刷

开　　本：787×1092　1/16

字　　数：58千字

印　　张：9

京权图字：01-2016-7517

书　　号：ISBN 978-7-5153-4917-6

定　　价：29.00元

目录

从怎么看到怎么办：学校热点问题面对面

　　我有14年担任校长的经历，曾在新泽西州的三所"问题"市区学校工作。当时我们的社区面临许多的难题，但我从来没有放弃自己的目标——努力成为一名高效的校园管理者。为了达到这个目标，我几乎读遍了所有能搜集到的校园管理书籍，参加了一系列学术会议和职业发展研讨会，并向许多优秀的校长学习和请教。为什么要大费周章地做这些事？因为我知道，只有校长的效率更高，学生才能飞得更高。

　　目前作为一名全职的教育咨询师，我经常接受来自全美各地的咨询，有的来自在职的校长或校长助理，还有的来自有志成为校长的教育工作者。许多向我求助的校长把精力花在维持纪律上，他们俨然成了校园秩序维持员，当然，这也许是因为他们的学校确实存在很多难题，但我始终坚信，真正高效的校园管理者不能仅局限于处理学生的问题，他必须最大限度地关注校园管理的方方面面。

由于所处的环境不同，教授的年级也有所差异，各位校长在管理学校的过程中难免会遇到种种困惑，本书的目的就是给校长们答疑解惑。而这本书解答的所有疑惑，其出发点只有一个：如何能够激励全校范围的卓越表现？我希望读者在阅读的过程中能够时刻怀揣着这个疑问，并谨记这条准则：当整个学校得到激励时，学生取得卓越表现的概率也会增大。

如果你还没有正式成为一名校长，但有志于此，那么我强烈建议你在阅读本书时把自己代入校长的角色中。每当有校长助理或者有志于成为校长的教育工作者来向我咨询他们的职业追求时，我都会告诉他们一点："从今天起，你要想象自己已经得到校长的职位了，而且要从一名真正的校长的角度去思考和行动。"只有敢于预见成功，并朝着这个方向努力，才有机会成为一名成功的校园管理者。

如果你已经是一名校长了，那么也请思考你在平时的管理中是否已经采用了我在书中提及的某些策略——如果没有，我建议你可以考虑采纳其中的一些加以实践。

每章后所附的"付诸行动"，提供了培养杰出管理者和优秀教师的方法，这些方法具体可行，容易操作，帮助加深对"50个问题"的理解和掌握，测试个人在阅读时的思考，使解决"50个问题"成为属于每个人自己的行动指南。

The
Principal
50

①

第一章

管理心态

怎么实现目的

和使命的有机统一

问题1：在管理的过程中，我是否采用一个既定的目标来鞭策我的言行？

- 我为什么管理？
- 我为什么想要管理？

要想成为一名成功的管理者，你每天都要反复问自己这两个问题。找到了问题的答案，也就找到了管理的目的，而这个目的将决定你激励全校范围的卓越表现的方法，同时还会不断提醒你作为校长的角色和初衷。

我很喜欢这句话："一个没有目标的人，就好比一个没有定义的词一样——毫无意义。"如果做事之初没有定义好目标，又如何实现最佳的效果呢？难道你每天早上起床，来到学校，就是为了处理那些数不清的难题吗？

- 你的目标决定了你将成为什么样的校园管理者。
- 你的目标是你奋斗的激情所在。
- 你的目标终将成就你。

在我担任校长时，我给自己定下的目标是：每天要做到激发动力、教授知识和赋予自信。这是支撑我每天早上起床的动力，也是我热爱并投身于这份工作的原因。这个目标鞭策着我向前，再向前。一路走来，我一直坚守着我的目标，不仅希望将它体现在我的领导风格中，更渴望在全校范围内加以实现。为了激励整个学校的卓越表现，我必须每天做到激发动力、教授知识和赋予自信。

在明确了管理目标后，你还要回答下面的问题：

■ 我是否能够践行自己的目标?

■ 我是否能按照我的目标来管理?

■ 我的目标是否能在全校范围内得以实现?

如果对这些问题,你能够大声回应"是的",那么,恭喜你,你已经向着激励全校卓越表现的目标迈出了第一步。

问题2:作为管理者,我做每件事是否都带有明确的目的?

■ 随机的;

■ 被动反应的;

■ 过分敏感的;

■ 随意的。

每当回想起担任中学校长的第一年,我的脑海中立刻就会浮现出这四个词。在那一年,我总是等问题出现了才去解决,日复一日,我变成了一个全天候的

"消防员"。作为学校的管理者，在危机出现时我不得不采取应对措施，但这其实让我离最初的目标越来越远了。

随着我在校长这个职位上不断地成长，我渐渐意识到这种随机且随意的处理方法与高效的领导力是背道而驰的，我需要谋划一盘更大的棋——那就是有意识、有目的地思考和行动。慢慢地，"目的性"成了我的格言。我发现，作为校长要想应对方方面面的压力，满足不同的需求，就要将时间花在践行自己的目标上，而非用来处理各种"状况"。

这个道理对你同样适用。在你的职业生涯中，你也会遇到各种压力，而作为管理者，你不能将时间浪费在这种随机的、过分敏感的、随意的管理方法上，相反，你应该：

■ 定义你的目标；

■ 下定决心，有意识地践行目标；

■ 最终实现你的目标。

每天早上，当你开始一天的工作前，先假设你已经实现了目标。因为，预见自己的成功能够助力你将目标转化成现实——你不仅可以提升学生的表现，还可以改善他们的日常学习体验。在优秀的学校中，领导者们会致力于打造一些全校范围的难忘体验——从而帮助学生成长为社会精英。而打造这些共同体验的关键就在于目的要明确。

问题3：我将管理视为职业还是使命？

■ 你应将管理视为使命。

如果你把校长当成一份赖以谋生的职业或工作，那么设定目标和计划对你来说易如反掌，但这些标签的问题在于它们的局限性——只能让你管窥蠡测。我建议你突破这些标签的限制，把校长当成一种使命，再来思考你的目标。

我经常说，如果你想让一个人停下手里的工作，你只需要举起手来喊："停！"但肩负使命者不会轻易放手。当你在完成一项使命时，你的思维模式与仅仅完成一项工作是截然不同的。无论何时，比起一个把教育当成工作的人，我更愿意选择一名把它看作使命的人加入我的团队。

在你践行校长的目标时，必然会遇到被生活中的各种难题困扰的学生们——有些问题太复杂，不仅会让学生忘记学校对他们的重要性，而且会使他们忽略今天在学校的付出决定着未来的人生品质。

这时就轮到你出场了。

你应该这样想，我不在乎学生们面对多么大的难题，既然他们来到了我的学校，我就有义务让他们每个人都变得优秀！当作为校园管理者的你在言行中表现出这样的姿态，学生们成功的概率就翻了几番。这时的你不再是仅仅完成一项工作或职业——而是在向所有人宣告你的使命，让学生们在学业上取得优异的表现就是你的终极目标。

问题4：我对学生的表现有愿景吗?

■ **愿景**：预见尚未实现的计划的能力。

为了激励全校范围内的卓越表现，你必须培养全校师生对创先争优的共同愿景。

这些年来，我对无数的教育者说过，有了对成功的正确预期，你就已经成功了一半。但不幸的是，我碰到的许多教育工作者都告诉我，因为学生们在家庭和社区中遇到的问题，使他们无法去设想全校范围的卓越表现，我认为这个问题非常严重。所有的校园领导者，特别是在被贫困、毒品和暴力问题所困扰的社区学校任职的校长，更要帮助学生和教师想象成功的模样，从而激励他们卓越的表现。同时，作为校长，也要不断地强化自己对学校的预期。问问自己：

■ 我对学生的期望是什么？

■ 我的学生们能够实现什么成就？

■ 我的学生们能达到什么高度？

■ 我可以想象出我的领导力能带给学生什么样的激励吗？

■ 我可以想象出有多少学生登上光荣榜吗？

■ 我可以想象出绝大多数学生都升入大学吗？

我想将这句话送给未来的校长同仁们：校长的使命不是始于这个职位，而是始于你的决心。当你决心做成这件事，当你憧憬你的领导力能为学生带来成功，当你把这个憧憬作为考虑所有问题的前提——你就已经成为一名"在岗"的校长了。同时，不要忘记用你的憧憬激励全校师生，使其成为每个人共同的愿景。当一所校园共同憧憬着一个美好的未来时，这所学校的胜算自然会变大。

问题5：我把自己视为学生成功与否的第一要素吗？

每当我在职业发展研讨会上提出这个问题时，总会引起学员们的热烈讨论。

有些校长认为自己对学生的成功负有不可推卸的责任。他们深信，只要学生踏进校门，这些学生就归他管了——外面的世界和影响都已无关紧要。学生们的成功或失败取决于校长的水平，在这些校长的字典里没有"借口"这个词。

然而也有另外一些校长——他们认为影响学生表现的因素是多方面的，他们不能为学生的成绩负全部责任。

我要提醒这些校长的是，学生的成功完全取决于领导者的态度：校长对优秀和卓越的执着程度，决定了学生能到达的高度。这虽然无法抵消外界因素对学生意愿的影响，也无法消除教师和家长的角色可能带来的负面影响，但校长的领导力才是一切的根本。如果校长坚信自己的领导力决定着学校的成败，学生也将受益匪浅。正如我常说的，"即使给每个班级都配备最强的师资，但只要遇到一个无能的校长，整个学校终将一事无成。"

作为校长，你必须把自己视为学生成功与否的第一要素。如果你都不愿意为学生的表现负责，又怎么能够有效地管理学校呢？假使你接手了一所成绩不佳的学校，如果你不愿意自我反省或承担责任，又怎么能够帮助它改进和成长呢？敢于担当、拒绝失败是成功的校园领袖最核心的素养。

付诸行动

> 我们的思维定式，无论正确与否，是我们的态度与行为的根本，归根到底，是我们人际关系的根本。
>
> ——史蒂芬·柯维

一、检验你的思维定式

你曾经到过其他国家，或中国其他地区吗？你觉得哪些事情是陌生的或奇怪的？

人们的行为是否如你预期？你对他们的行为有何看法？

回想你的旅游经历，你认为当地人对你的看法如何？你是否认为他们对你的看法与你对他们的看法很类似？

如果你有机会在旅途中认识当地人，你对他们的看法或推测会有什么改变？

二、转换你的思维定式

回想一下通往你的工作场所或你家的不同路径。是否有些路径比其他的更复杂？是否有时其中一条比其他的更方便？为什么方便，为什么不方便？

你是否发现过一条你以前不知道的新路径？走不同路径的新鲜感如何？

现在回想一下你与他人打交道的方式。与他们打交道是否有好几种方式？你还会尝试哪些新的方式？

The
Principal
50

②

第二章

学校品牌

怎么达成
全校核心理念的认同感

问题6：我是否邀请教职员工参与学校品牌的讨论？

作为校长，你必须将大部分精力放在全校的认同感，即学校"品牌"的建立上。每当我在研讨会上提出这个话题时，大家总是一脸茫然地看着我。诚然，品牌不是校长与自己的教职员工经常讨论的话题，但它对学校的成功至关重要。

不妨问问自己：

■ 学校的自我定位是什么？

■ 学校的自我定位是否与公众的认识相吻合？

我不想夸大校长与教职员工讨论学校品牌的重要性。作为校长，必须统一教职员工对学校的看法，一旦他们对学校的想法出现分歧，就不可避免地导致学生思想的分歧，从而影响教学质量。每个人都应使用同一种语言来描述学校的定义。

学校的品牌至少应体现出学校的：

■ 核心理念；

■ 价值观；

■ 指导原则；

■ 目标；

■ 使命；

■ 愿景。

你的员工是否能将上述元素联系起来，形成对学校的统一认识呢？

举个例子，想想你最钟爱的餐馆、汽车或者清洁剂品牌，你购买这些产品的原因很大程度上是否源自对品牌的信任呢？

问题7：我能否确保教职员工们参与学校核心理念、价值观和指导原则的制定?

■ 你的学校关于教学实践及学习过程的核心理念是什么?

■ 你的学校有什么引导学生成功的价值观?

■ 你的学校对于教师的教学实践有什么指导原则?

每当我在研讨会中提出这三个问题时，整个房间都会变得鸦雀无声。教师们终日面临着快速解决问题和回应学生需求的压力，通常不会花太多时间讨论诸如此类的问题。然而我坚信，如果我们对于我是谁、我的信仰是什么都一无所知，那么我们对于学生成长的讨论就变成了空中楼阁。

作为校长，你可以决定是否邀请教职员工参与学校核心理念、价值观和指导原则的制定。

设想一所没有核心理念、价值观和指导原则，而且恰好成绩不佳的学校，就像没有了罗盘的船舰，这样的学校又该如何提升教学水平呢?

问题8：我是否确保了教职员工参与学校的目标、使命和愿景的制定？

每当我给校长们讲课时，我都会请他们谈谈各自学校的目标，即学校存在的意义，以及驱使教师们每天到学校上班的动力。我想听的不是千篇一律的回答，而是每个学校特定的目标。我还会要求这些校长背诵自己学校的使命和愿景，得到的答案通常是——不确定，有些是没有背下来，而有些则是学校根本没有成文的目标、使命和愿景。

我常对校长们说，换成是我，根本无法管理一个没有目标、使命和愿景的学校，因为这些要素决定了学校的定位，也在不断提醒我们学校创立的初衷及前进方向，没有了它们，我就会迷失方向。

在理想的状态下，校长的一言一行都应来自于学校的目标，以及从目标衍生出的使命和愿景。因此明确学校的目标、使命和愿景是至关重要的。而如果你所在的学校没有这几项要素，那么你的首要任务是着手起草，在这个过程中，你应向每名员工敞开大门，给他们提供献计献策的机会，这样不仅可以增强员工的参与感，也能使目标、使命和愿景更易于获得认可。

你不妨立刻行动起来，召集教职员工一同为筑牢学校的根基展开热烈的讨论吧。（即使你现在还未成为校长，也可以开始设想学校的目标、使命和愿景。）

问题9：我用高标准来要求每名学生吗？我真的相信他们能够达到我的预期吗？

大多数教育者会说他们对每名学生都是高标准、严要求——这是基本的职业素养，但事实往往并不尽然。无论是对最优秀的，还是最让人头疼的学生来说，校长的高标准和高期望都是至关重要的。你的标准和期望也是学校品牌的一部分。

要想保持对每个学生的高标准和高预期，关键是要坚信他们有成功的潜力。如果连你都不相信学生的能力，又如何让学生对自己的未来怀有美好的憧憬呢。在教学中，你必然会遇到一些自信心不足的孩子，他们的自卑可能是由校外的因素导致的。尽管他们可能会怀疑自己，但身为校长你必须相信：每个来到你学校的孩子不仅会取得成功，而且会大大超出你的预期。

问题10：我是否定期向学生强化一个概念：他们来到我的学校会取得出乎意料的成功？

作为校长，你的首要职责就是要保持并强化对学生们的期望。而这种期望的基础正是他们来到了你的学校——你将这所学校打造成了一个特殊的港湾，这里的氛围能够激励学生们取得卓越的表现。

在我担任校长的每所学校，我都对学生们说，我希望他们取得成功，因为他们是我的学生。我在纽瓦克①技术学校任校长时，曾对学生说，"孩子们，记住你们是纽瓦克技术人，我希望你们不要让我失望。"不妨设计一句简单的口号来激励学生，让他们仿佛置身于为自己的成功而量身打造的环境中。

---

① 纽瓦克（Newark）：美国城市名。

付诸行动

> 把自己的愿望想象成现实，就开启了让它实现的大门。
>
> ——莎克蒂·高文

一、检查你的愿景

现在是时候了，让我们对自己的愿景作一次检查。花一分钟思考下述问题，写下你的想法。

我现在的生活状况如何？它是否让我快乐？我是否有成就感？

是什么在一直吸引着我？它是否与我目前正在做的事情有所不同？

我少年时的理想是什么？我目前是在做着其中的一些事情吗？

目前最让我感兴趣的是什么？

最让我的灵魂感到满足的是什么？

我做什么事情最擅长？我的突出特点和优势是什么？

二、制定一份个人使命宣言

为了帮你制定自己的使命宣言，下面列出制定过程的五个步骤。

步骤 1：开动脑筋畅想

将你对下面三个问题的回答一口气写下来，不要停顿。这是自由发挥。如果你想到了一个观点，别太在意用词和语法，只管不停地写下去。记住，你只是在畅想，不是定稿，目的是把自己的想法写在纸上。在每个问题上花2~3分钟。

1. 写下一个对你有影响的人。你最赞赏这个人的什么品质？你从这个人那里学到了什么品质？

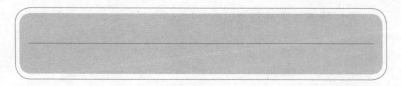

2. 详细说明你想成为怎样的人。设想现在已是20年后，你的成就清单是什么？你想拥有什么？你想成为怎样的人？你想成就怎样的事业？

3. 请确定，目前对你最重要的是什么？

步骤2：放松一下

现在深呼吸，然后放松下来。**整理你的思绪**回顾你所写的，圈出你想列入自己使命宣言的关键想法、句子和词语。

步骤3：写出初稿

现在是写出你的初稿的时候了。一周内随身带着这个初稿，每天写下备注或根据需要加以增删。也许每天或每两天你都想重写一份初稿。这是一个不断进行的过程。你的使命宣言将随着时间而不断修改。

步骤 4 : 完成你的使命宣言

周末写出你的使命宣言的定稿，放在一个便于随时翻阅的地方。

我的使命宣言

步骤5：定期检查并加以评估

每个月问自己下列问题：

● 我是否觉得这个使命宣言代表了最佳的自我？

● 当我回顾这个使命宣言的时候是否感到有了方向、目标、挑战和动力？

● 我的生活是否遵从了这个使命宣言中的理想和价值观？

三、我的角色

列出自己的日常角色。这些角色与你的理想愿景结合得怎么样？与你的目标和价值观关联紧密吗？

列出关键角色清单，记下你想在下周为每个角色安排的活动。请记住，你不一定为每个角色分配具体的任务或约会。你可以列出一般性的要求，例如在家长的角色下写上"做一个更好的倾听者"。关键问题是"在这个角色上本周我能做的最重要的事是什么"。

1

2

3

4

5

6

7

把你所写的妥善保存。

The Principal 50

③

第三章

校园文化

怎么点燃

学校每一天的"心情"

问题11：我每天早上都和学生一一问好吗？

有人说校园的风气反映了一所学校每天的"心情"，而校园的文化则反映了学校的"生活方式"，即学校日复一日运行的基本方式。其中，将追求卓越的精神传递给每个学生的最简单也最有效的方式之一，就是每天早上和学生们打招呼。

你可以站在校门口迎接每位学生的到来，保持微笑，偶尔和学生握手；也可以鼓励教师们在教室门口欢迎学生。这种方式能够潜移默化地向学生们传递一个信息：你很高兴见到他们。我相信这对于很多学生来说，是一天中最积极的一次互动了。

我走访过许多学校，那里的校长和教师们普遍觉得早上向学生问好没有什么意义，当然我也不想夸大问好的重要性，因为在校门口迎接学生应该是每所学校必须完成的功课，这种问好的方式能够强化学生的认识，那就是：他们正在步入一个温暖的、鼓励学习的环境。

当有人问我校长应如何提高学生的分数表现时，我通常会说，先从早上的问好开始。

问题12：我是否通过一条内容丰富、激励人心的晨间公告，来奠定校园每天的基调？

这是另一个被许多校长忽略的方面。作为校长，竭尽全力让学生以积极的方式迎接新的一天是你的责任。晨间公告是一个能够改善校园风气、激励学生追求卓越的强有力工具，可以通过集会或公共邮箱系统发布。

当然你也可以采取另一种有效的方式，即邀请学生来完成晨间公告的第一部分，学生们可以用这段时间来：

■ 带领全校背诵校训

■ 回顾标准化评估目标

■ 为学生庆祝生日

■ 公布学校近来的好消息

当学生完成他们的职责后，就轮到你出场了。你的晨间公告应起到传递信息、激发动力和赋予自信的作用。你的目标是在一天的教学和学习开始之前就定下这一天的基调。在这几分钟里，你就是全校的老师。

问题13：我一直在努力点燃师生对学习和教学的热情吗？

你必须努力地点燃校园中每个人的激情，让他们以饱满的精神状态投入各自的角色中。为了达到这个目标，我强烈建议校长每月向学生和教职员工们发表一次关于"学校现状"的讲话。

很久以前我就意识到，全校范围的讲话是校长与师生建立联系的一个有效途径。我认为校长应抓住每学期开学第一天的机会发表讲话，为后续几个月打好基础。在我任校长时，每次讲话都需要一节课的时间——这样我可以有足够的时间来讨论学生取得的最新成就、学校的最新数据、学生的表现及校园的整体风气和文化。讲话的初衷是为了激励全校的卓越表现，因为学生们需要你不断给予：

- 激励；
- 指示；
- 领导；
- 指引方向，以及你能给予的所有支持。

让教职员工和学生们都能获取信息、得到激励、收获信心，比滥用权威让他们屈服更有利于提升学校的水平。

- 必须让你的学生和教职员工听到你的声音——感受到你的领导力。

许多教师在开学伊始抱着满腔的热情来到学校，

然而他们发现要想在整个学年中都保持这样的热情却很困难。作为校长，你有责任认清这个现实，并想尽一切办法解决这个问题，让教师们的热情得以延续，包括充满活力地主持会议、发表讲话，给予更多的鼓励和表扬，在走廊上与迎面走来的教师击掌，等等。

这些年的经验告诉我，直接的赞美往往比礼物和聚餐更有效。教师们也是普通人，也渴望了解自己哪里值得表扬、为学校贡献了什么价值，那么不妨大方地告诉他们！

问题14：我确定学校的环境有利于学习吗？

开学第一天的校园和教室应该是怎样的面貌？你花了多少时间和精力来思考这个问题呢？当我在研讨会上提出这个问题时，整个房间陷入了一片寂静。我担任校长时，通常把暑假中大部分时间用来思考开学第一天学校的走廊和教室应该如何布置、营造出什么样的感觉。坦率地说，我对这件事有点上瘾，也许有一天你也会像我一样。那么不妨问问自己：

■ 走廊的墙壁应该如何布置？

■ 我想通过这些墙壁传递什么信息？

■ 我想通过墙壁讲述什么故事？

就我个人而言，我通常希望学校的墙壁能够传递信息、激发动力、赋予自信。因此，我会挑选一些能够代表学生群体的历史人物画像和名言贴在教学楼的每面墙上（比如在新泽西州东奥兰治①的索杰纳·特鲁斯②中学，我会挑选一些非裔美籍历史人物），也会放一些让学校引以为傲的奖品或展品。随着新学年的开启，我会加上一些学生们的纪念品和作品，如照片、奖状、手工作品，其目的是给学生营造一个温馨、积极、参与感强烈的学习环境。

在你准备开学第一天的时候，首先至少要确认：

---

① 东奥兰治（East Orange）：美国新泽西州东北部城市。
② 索杰纳·特鲁斯（Sojourner Truth）：1797–1883年，美国废奴主义者和女权主义者。

- 所有的墙壁和楼梯都粉刷完毕；

- 走廊和楼梯干净整洁；

- 台阶都打好了蜡，光可鉴人。

而学校的墙壁还应包含如下素材：

- 学校的校训、使命和愿景；

- 鼓舞人心的警句箴言；

- 代表学生群体的著名历史人物画像；

- 学习纪律；

- 公共区域行为规范；

- 宣传各个大学和职业的标志、海报或横幅。

问题15：我能确保每间教室都营造成了适宜学习的环境吗？

教室的学习环境无疑是最重要的，作为校长，必须确保从开学第一天起，每间教室的布置既符合地方规定又满足你的要求。你应该把巡视校园作为每日工作的一部分，在这个过程中不仅要关注教学的进展，还要了解整体的环境。在理想的情况下，每间教室都应该充满活力、对学生充满吸引力，仿佛是在对学生说，"进来吧！这是属于你们的地盘，是学习开始的地方！"

因为个别学生不可避免地会受校外问题的影响，所以在设计教室环境时，应尽可能地抵制这些因素的干扰，确保教室符合以下标准：

- 粉刷墙壁；
- 地板清洁；
- 桌椅摆放整齐；
- 墙壁装饰符合学校环境的最低要求（见问题14）。

此外，我想每个教室都应在醒目的位置张贴所学课程的学习目标。教师要清晰地讲解目标，然后每天至少找一名学生复述这个目标。毕竟，如果学生对学习目标都不了解，又怎么能真正地掌握这门知识呢？

付诸行动

> 好的领导指出正确的方向，跟随者相信这是正确的方向。没有信任，什么也实现不了。
>
> ——杰克·特劳特

一、信任账户的评估

通过评估你与团队信任账户的存款和提款情况，来审视你们的凝聚力和合作关系如何。存款用（＋），提款用（－）。对于每次提款，记下你以后可以做些什么改进以增加存款，修补信任。

存款或提款	（＋,－）	我能做什么改进来修补信任
态度和蔼，有礼貌		
信守我的诺言		
尊重或实现对方的期望		
当他／她不在场时忠实于他／她		
若有必要就道歉		

二、培养积极主动性

积极的人使用积极的语言："我能""我要""我宁愿"等等。消极的人使用消极的语言："但愿""我办不到""我不得不""要是"。

想想过去几周内自己以消极方式做出回应的两三件事情。描述一下自己是怎么说的。

1 _____

2 _____

3

现在，想想在同样情况下自己可以采取的几种积极的回应。请写在下面。

1 _____

2 _____

3

请记住，在下周仔细倾听自己使用的语言——你的语言是更积极了，还是更消极了？

1 _____

2 _____

3 _____

三、你的习惯

习惯是知识、技巧和意愿的交叉点。知识是做什么和为何做，技巧是如何做，而意愿是动力——想做。所有这三者必须集合在一起才能形成一个习惯。

请列出你的两个习惯—— 一个好习惯，一个坏习惯。并写出与这两个习惯相关联的知识、技巧和意愿。

习惯有巨大的引力——比大多数人认识到的或愿意承认的还要大。打破一个根深蒂固的习惯需要做出极大的努力，而且一般还会涉及生活的重大变化。

看看你写下的坏习惯。你愿意为了打破这个坏习惯做出一切必要的努力吗？若是，请写下三件为了打破这个习惯你将着手做的事情。请记录下你的进步过程。

1

2

3

The
Principal
50

4

第四章

团队建设

如何保证每间教室的教学

和学习都处于最佳状态

问题16 : 我营造的同事关系有利于提升教学吗?

学校的管理者与教师绝不应该是对立和抗争的关系。因为管理者与教师的初衷是一致的——协助学生取得更好的成绩,二者可谓一拍即合。唯有管理者和教师通力协作,学生的成绩才能得到有效提升。

作为校长,你有责任保证每间教室的教学和学习都处于最佳状态。为了实现这个目标,需要获得教职员工对你的信任,反之亦然。为此,你必须让教师们对你心悦诚服,让他们相信你可以切实地提升他们的教学能力。如果教师们不信任你,或不认为你有足够的专业能力帮助他们提升教学效果,那你们之间就很难建立起真诚的同事情谊。因此你必须有意识地把自己塑造成全校的教学带头人，才能获得教师的信任。

问题17：我是否安排有经验的教师来提携新人？

无论是刚入行，抑或刚来这所学校任教的教师，都应得到最佳的资源，并相信他们能够在第二年回馈以更优异的表现。同时你也要与新人建立良好的关系：尽管你事务繁忙，也必须抽出时间来观察、指导新人，给予有价值的建议。

当然，新教师成功与否不只是你一个人的责任。在开学前，你应指定一位经验丰富的教师作为新人的导师和岗位教练，能够很好地帮助他们成长。

问题18：我是否鼓励老教师观察新教师的工作情况，反之亦然？

教学观摩是学校生活中不可或缺的一部分。校长应将最有经验的教师和资历最浅的教师组队，以便于他们互相观摩教学并给予反馈。当然，在组队的时候你要留心，应确保同一团队的两名教师有很好的默契并相互信任，要让新人感受到老教师是乐于看到他们成功的，否则只会事倍功半。

尽管对特定教学领域进行观摩后，教师之间的讨论应是保密的，但作为校长，你也要适当提出自己的看法。你在学校中扮演的角色是多层次的，这就要求你拥有一支优秀的团队，因此要把每个人——特别是新人，培养成精兵强将。如果没有提供必要的指导，你又怎么能期待教师们拥有卓越的表现呢？因此，要为他们搭建一个最佳的学习环境。

问题19：我参加过教师小组会议、适时发表见解并给予指导吗？

在优秀的学校里，教师之间的默契程度往往是惊人的。他们不仅会共同制订计划和策略，也能够认识到彼此的价值。高效能的教师往往能够认识到协同的重要性并充分运用它来提高自己的教学水平，教师小组会议就是其中一个途径。作为校长，你在教师学习小组、年级会议、二级学科会议等小组会中的参与和投入是非常重要的。当然，前提是这些会议得到了切实的开展。而你的指导能够让教师们参与到关于学生成长的讨论中来，这种讨论是非常有意义的。通过参与，你可以展现出自己对教师和全校整体发展的重视。

问题20：我对教职员工表达过赞许和尊重吗？

校长应该尽量直接地表达出对教师们的赞许和尊重。没有对教师辛勤工作的感恩之心，你又怎么能推动整个学校前进呢？用铁腕手段治理学校只能出现在电影情节里，在现实中，来自校内外的问题往往会引发非常紧张的局面，只有德高望重的领导者才能调和各方矛盾，平息争端。如果有人低估你的权威，那么你的工作就是说服他们。你必须与全体教师建立友好的关系，避免造成紧张的氛围和矛盾的积累，从而影响学生学习。

付诸行动

> 当你培育自己的双赢心态的时候，你将发现一件美妙的事：人际关系变得更容易了。
>
> ——乔治·埃里奥特

一、培养双赢思维

请你选择两个重要的关系以评估自己在双赢方面的能力。评估自己的两个关系在敢作敢为和善解人意的平衡上做得怎样。例如，如果你认为自己在敢作敢为上得分低而在善解人意上得分高，那就在相应的象限中画上一个 X，等等。

下一步，判断你是否能做些什么来加以改进，并把自己的决定记录在"需要采取的行动"一栏中。

关系1：

高		
敢作敢为	我胜你败	双赢
	两败俱伤	我输你赢
低		

低 —— 善解人意 —— 高

关系中的平衡情况：

需要采取的行动：

关系2：

	高		
敢作敢为	我胜你败	双赢
	两败俱伤	我输你赢
	低		

低 —— 善解人意 —— 高

关系中的平衡情况：

需要采取的行动：

二、换位思考

从上面的练习中选择一个你想要达到双赢的关系，完成下述步骤：

把自己放在对方的位置，明确写下你认为对于目前情况对方是怎样理解的。

从你的角度，写下你认为你赢的结果是怎样的。

直接找到他／她，问其是否愿意与你沟通，直到找到一个双方受益的解决方案。

三、寻找双赢机会的问题

下面的问题将帮你在特定情况或特定关系中开始达成双赢协议。

问题	回答
你想用双赢方法解决或改进什么重要的关系或问题？	
你的心态是富足的（每个人都能赢）还是匮乏的（你必须赢）？	
若你抱着我胜你败的心态行动，你认为会发生什么事情？	
若你抱着双赢的心态处理这个关系或问题，你认为会发生什么？你能预见什么收获吗？	
你想做些什么来保证自己能收获双赢方法产生的效益？	
你想何时采取行动？	

The
Principal
50

第五章

教学管理

如何坚持投入更多时间

在教学观摩上并快速给教师反馈

问题21：我能够基于自身的研究和经验，提炼出个人的教学理念吗？

你必须在深入的研究和个人经验的基础上，发展出一套关于教育的独特理念，这也是你作为校长的必修课。你对这个问题的回答，将使你在校长的使命中迅速地进阶，但你必须不断地认真思考，当然更重要的是采取行动。不妨问问自己：

- 在走进那间教室的时候，你是谁？
- 在参加教学观摩前或观摩后的讨论会时，你是谁？
- 在主持教师小组会议时，你是谁？

■在编写每周教师公告时，你是谁？

你不仅仅是政府、教育部和市区教委指令的传达者，还应凭借通过研究和经验取得的成果形成自己的教学领导力。

假设你走进一间教室进行教学观摩，却没有一套自己的理念、思想或观点支撑你将观察转化成想法，那么你根本没有能力帮助教师提高教学水平，因为你根本不懂得提升的方法。对指令、政策和方针如数家珍固然重要，但也不要让教学理念成为你的短板。

问题22：我是否清楚地认识到，提高学生成绩和持续地提升教学水平是我作为校长的首要任务？

提高学生成绩和持续提升教学水平是你作为校长最核心的使命。当然，日常问题的处理经常会让你劳心费神，但如果影响到你完成这两个使命就得不偿失了。

我曾任职校长的一所学校，位于一块充斥贫穷和暴力的城市街区，每天有数不清的难题要解决。有时我不得不投入自己全部的精力去解决一些非常严重或紧急的问题；那时我面临的挑战是既要解决这些问题，还要将尽可能多的精力投入到提高学生成绩和提升教学水平上。后两个目标要求校长花费大量的时间在教室内观摩教学，了解学生的学习情况。为了挤出花在这方面的时间，校长必须重新考虑事情的优先等级和职责分配，例如将较为费时的紧急事件交给值得信任的副校长来处理。

作为校长，不管你吹嘘自己组织了多么了不起的项目来提高学生成绩，只要成绩提高没起色就不能算数。若成绩不稳定或提高不明显，你必须测试该项目的效果，并考虑是否叫停项目。毕竟，提高学生的成绩和提升教学水平才是你的首要任务。

问题23：我将每天的大部分时间都花在观摩教学上了吗？

你必须尽可能地将时间花在观摩教学上，这样才能够准确地评估教师的效率。而且，你在教室内出现这件事本身就说明你对学生成绩和教学水平的重视。正如前文所说，每位校长都知道，真的要去花费时间观察教师绝非易事。我任校长时，曾经有个经验法则，就是每天要花大概三分之一的时间来观摩教学并给教师提供反馈。观察的次数每日不等，而我的观摩也经常是非正式的。

校长不应坐在办公室里纸上谈兵，通过收发电子邮件和教职员工互动固然必要，但上课的时间不应该浪费在发邮件上，你的战场在教室，你的任务就是观摩教学。

问题24：在以学生为中心的、适应多种文化的学习环境中，我能够保证教师应用一系列的教学策略去应对不同学习风格、不同能力层次和不同需求的学生吗？

你必须确保教师们的教学实践能够满足所有学生的学习需求。用下面两个问题来做个测试吧：

■ 你在教学观摩时着重关注哪些事?

■ 教学是否能达到你预期的效果?

为了给予教师恰当的支持,你应该对自己的教学理论和实践满怀信心。尽管学校的教导主任可以帮助你分担一部分教学监督的工作,但你对教学水平负有不可推卸的责任。毕竟你的绩效考核结果与学校的表现直接挂钩,因此这个职责无疑落在了你的肩上。

问题25:我在教学观摩后立即给教师反馈吗?

给教师们反馈是你提升学校教学水平至关重要的一环。而且对于你认为最有待提高的教师,应优先给予反馈——因为等待反馈的时间越长,你们两个都越容易忘记观察的结果,因此要尽早安排观摩后讨论会。

当然在现代社会,我们不用再安排面对面的会议,而可以用电子邮件的形式给予实时反馈。在我任校长时,我会在教学观摩后迅速给教师们发一封电子邮件,指出这堂课的亮点。我的目的是让教师能够放下紧张,安心教学，而不会因我的反馈而影响正常教学。

有了反馈，教师才能成长和进步。如果你没有反馈，水平欠佳的教师会以为他们水平尚可，而优秀的教师还在为自己的表现而忐忑。通过这种快速、有价值的反馈，可以显示出你对提高学生成绩和教学水平的关注。

付诸行动

> 如果人们根本不知道还有比目前更好的工作方法，那么一味地要求他们做得更好是不现实的，并且这种要求终得落空。
>
> ——史蒂芬·柯维

一、你在倾听吗

从1分到4分，你认为下面这些人会给你的倾听技巧打几分？

	低			高
你最好的朋友	1	2	3	4
你的父母	1	2	3	4
家庭的近亲	1	2	3	4
工作中的一个同事	1	2	3	4
你的老板	1	2	3	4

请回忆某个人没有认真听你说话就准备好回答的例子。你当时感觉如何？

你什么时候最容易不专心听对方讲话，为什么？

二、我是怎样倾听的

选择一个你认为能构成挑战的人际关系，最好是你平时最不愿意与其交流的那个人。本周内，注意倾听并记下你与其交谈时的回答。判断你的回应是哪一种，价值判断、追根究底、好为人师还是自以为是？

在周末，回顾自己的回答。下次你会怎样改进自己的倾听？你会有什么不同？

三、倾听练习

下次有机会观察别人交谈的时候，捂住耳朵几分钟，只观察身体语言。"倾听"他们的手势、姿态以及面部表情。思考，哪些情感人们可以不仅仅通过语言来交流？

选择两个人，当你听他们谈话的时候，同时"倾听"他们的身体语言。

他们的身体语言是否与他们的讲话内容一致？

（框）

如果不相符，假设这些又发生在你身上，你会怎么做？

（框）

四、评价我的交流

回想最近的电话、电子邮件或面谈，其中的哪些你首先说明了自己的需求？

与谁谈话？＿＿＿＿＿＿＿＿＿＿＿＿＿＿＿

何时进行的交谈？＿＿＿＿＿＿＿＿＿＿＿＿＿

谈话的主题是什么？＿＿＿＿＿＿＿＿＿＿＿＿

发生了什么事？＿＿＿＿＿＿＿＿＿＿＿＿＿＿

（框）

如果你首先说明对方的需求，那结果会有何不同？

你是否清楚而具体地表达了自己的想法和逻辑？如果没有，把它们写在下面。

如果你清楚而具体地表达了自己的想法和逻辑，那结果会有何不同？

The
Principal
50

第六章

义务与责任

如何形成追求卓越的

氛围并做出表率

问题26：我是否让教师在满足上级要求的同时，确保所有学生都想努力获得更好的成绩？

你必须让整个学校都形成一种追求卓越的氛围，而你应对每个人——特别是教师保持高标准、严要求。尽管在让教师负责任的同时你要公平地对待他们，但你也要有稳固的领导力基础。为了让整个学校一同前进，你必须能够显示出你的权威。

问题27：我是否拒绝接受失败，为失败找借口，或者允许学校里出现失败？

你必须让全校都知道你的校园里不允许失败的出

现。如果你发现学校充斥着日常危机或者学生的生活一团糟，你是否准备好坚守你的初衷：确保学生们获得足够的教育？学校出现的日常问题很容易分散你的注意力，让你被迫介入学生的个人生活之中，但你决不能让这些因素干扰你想要提高学生成绩的决心。你必须说服自己，尽管存在这些挑战，在你的领导下，学校终会取得成功。

问题28：我敢于对学生的成功和失败负责吗？

作为学校的校长，除了成功，你同样要对学生的失败负责。当然，接受前者比接受后者容易得多。要想把学生失败的责任推给教师和家长，对你来说简直易如反掌，但只有正确看待校长这个角色，你才能更好地完成使命。如果你不承认自己还有进步的空间，那么你的职业生涯也无法取得更好的发展。

问题29：我是否为学生做出了表率？

校长每天要扮演无数的角色，而其中一个角色就是学生的榜样。你要时刻谨记，虽然学生们表面上漫不经心，但他们一直在观察你的言行，而且除了观察你的行为，听你说话，他们还在向你学习。因此你必须留意自己说的每句话，做的每件事，做一个好榜样。（我任校长时，就清楚地意识到许多学生在留意我的表现，我甚至看到有学生模仿我走路和说话的样子——这让我倍感压力！）

作为校长，所有的眼睛都会盯着你，当然这也是你给学生树立榜样的极佳时机。但这种状态不会因为放学就停止：一周7天，每天24小时你都是校长，即使在校外，你也不要忘记自己的榜样身份，例如在社区中你经常出现的地方，你的学生和家长也有可能出现，因此绝不要做让自己后悔的事。在社交媒体上也同样不要掉以轻心，一定要仔细斟酌在网上发布的每个字眼、每张图片或每段视频，就像我常说的，你离灾难只有一步之遥，一个词、一句评论、一张照片或一个视频都可能是毁灭性的。

问题30：我反省、评估过自己的领导力吗？

当我刚刚担任管理者时，我并没有意识到自省和自评对工作的重要性。当时我没有把每一天作为年度周期的一部分，而是作为一个独立的时间单位。后来我开始将上班前和下班后的时间利用起来，通过"电影回放"的方式在脑海中回顾我一天的表现，这个过程帮助我评估哪些方法有效，哪些不奏效，并根据需要做出调整。

在自省时，你可以问自己这三个基本的问题：

- 我是谁？
- 我想做什么？
- 根据是什么？

我喜欢对着镜子里的自己提问。第一个问题决定了你的身份，第二个问题确定了你的目的，第三个问题为前两个问题的答案提供了根据。

同样，作为校长，你需要定期反思和评估你与学校其他管理者的关系，这对你的管理效率非常关键。

副校长的职责是辅助校长，他们是最高管理者的延伸。如果你是校长，你可以借助以下问题定期反思你对待管理团队以及团队分工的情况：

- 我是否觉得我和其他管理者保持着健康的关系？
- 我的团队是否对我忠诚？
- 我的团队是否愿意为我付出？
- 我的团队是否信任我？
- 我是否信任我的团队？
- 我是否对团队有信心？
- 我的团队是否愿意为了我付出额外的努力？
- 我的团队是否愿意为我牺牲？
- 其他的管理者是否充分理解自己的角色？

如果你是副校长，你必须定期反思如何帮助校长拓展其对学校的愿景。

付诸行动

> 成功人士习惯去做失败者不爱做的事。他们当然也不喜欢干这些事，但他们让这种不喜欢服从于对自己目标的追求。
>
> ——阿尔伯特·E. N. 格雷

一、你对差异有多尊重

在你能充分利用他人的优势之前，你首先要承认并尊重他们的差异。那么，你到底对差异有多尊重？做一做下面的小测试就知道了。

问题	从不	偶尔	有时	经常	总是
1. 当我听到不同的意见，我让其进一步详细说明和解释。	1	2	3	4	5
2. 出现分歧时，表达自己的意见比顺从大多数人的意见更加重要。	1	2	3	4	5
3. 我经常和与我持不同意见的人共同工作。	1	2	3	4	5

问题	从不	偶尔	有时	经常	总是
4. 我试图利用他人的知识和技能来更好地完成任务。	1	2	3	4	5
5. 我发现由具有不同背景的人组成工作小组非常有益。	1	2	3	4	5
6. 我深信每个人都以独特的方式对自己的家庭和组织做出贡献。	1	2	3	4	5
7. 我积极寻找机会向他人学习。	1	2	3	4	5
8. 我与他人分享自己的观点，尽管我们的观点有所不同。	1	2	3	4	5
9. 致力于某个项目时，我寻求不同的想法和意见。	1	2	3	4	5
10. 当我参与创造性工作时，我倾向于大家一起开动脑筋、集思广益，而不是依赖专家的意见。	1	2	3	4	5

针对上表中的描述，你认为哪个数字（从1到5）最符合你通常的行为或态度，请圈出来。

得分评价：

41~50分：充分发挥了你与他人差异互补的作用。

21~40分：一般水平发挥了你与他人差异互补的作用。

10~20分：没有发挥你与他人差异互补的作用。

二、尊重差异带来的进步

当你拒绝某个主意的时候，是什么因素让你作出这个决定的？让你作出这个决定的是那个主意本身，还是提出的人，或者是提出的方式？因为那不是你的主意，所以你不喜欢它？

当时你的内心独白是什么？是在说"这行不通""你这个疯子"，还是"我们以前从未这样干过"？

如果这是在工作（团队工作）中发生的，是否是"从众心理"在作怪？大家拒绝那个主意，是因为它不符合团队的主流意见吗？若是，怎么不符合？

三、你是这样吗

用"是"或"否"回答下列问题。回答前在头脑中回忆你的生活实际。

问题	是	否
我要求自己完美，也要求周围人完美。		
听到别人不喜欢我或不喜欢我的想法时，我很吃惊。		
人们总是向我作出许诺，然后又自食其言。		
我没有很多自己真正喜欢或信任的朋友。		
对于政治纷争我感到厌烦，我不必喜欢每件事情。		
我不重视别人对我的看法。		
我不习惯变革。		
我独自工作的时候要比与团队合作时干得更好。		
我通常的态度是消极而不是积极。		
我害怕别人发现我并不像他们心中想的那样好。		

四、越过通往协作增效的障碍

你在生活中是否发现有些人总是激怒你、让你发狂？他们是谁？他们做了什么事让你如此愤怒？

回顾这些激怒你的事。它们是什么性质的问题？品格问题（缺乏诚信或自律）？能力问题（完不成任务）？个性问题？你个人的厌恶和烦恼？确定一下哪些你能直接控制，哪些你能间接控制，哪些是你无法控制的。

从每个方面选择一个问题。对于这几个问题，你能怎样施加影响达到协作增效？

直接控制：

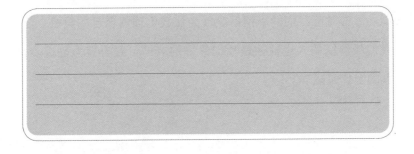

间接控制：

无法控制：

　　每件激怒我们的事情都能成为让我们理解自己的契机。让我们最烦恼的人也往往是我们最好的老师！凝心聚力是进步，共同合作是成功。

The Principal 50

7

第七章

管理时间

如何有效地

组织日常工作

问题31：我是否根据自己制定的关于提高学生成绩的行动方案编制每天的工作计划？

你必须每天都为实现卓越而筹划。学校经常会要求教师提交课程计划，详细说明他们在特定的时间段内所要教授的内容。这些计划对于教学管理者来说非常重要，它不仅可以让你了解教师想要教授的内容，以及对学生的预期，同时可以让你确保教师的课程与学区的要求保持一致。那么你的周计划呢？很可能学校不要求你提交周计划。如果没有强制要求，又是什么促使你制订每日和每周计划呢？有计划的领导者比无计划的领导者更有效率，因为他们提早决定了自己想要达成的目标以及实现目标的方法。

思考一下你希望如何度过每一天、每一周，然后写下详细的工作计划，并将各项工作排出先后顺序。当紧急问题出现时，你的第一反应往往是优先解决问题，但这可能会扰乱原本的计划。因此在制订计划时，要考虑到一些可能出现的紧急情况，提前为其预留出时间。

问题32：我能够有效地组织日常工作吗？

组织与计划往往不分家，离了谁都不行。没有合理的组织，也就无法取得最佳的结果。作为一名事务繁忙的校长，你必须配置一套系统将你所需物品分门别类便于查找取用。当然，有的校长会将这项工作交给秘书处理，但我个人认为校长应该自己整理并获取重要的文件。

除了组织文件，你还必须组织好时间，要求学生遵守每日安排的同时，你自己也应做到。如果今天是周一，那么这时你应该已经预想到自己周四下午两点的时候在哪里，在做什么事了。有的同仁问我怎样保证每天2~3个小时的教学观摩时间，我的答案很简单：按照日程和计划做事，我通常会用上课的时间专注教学工作，课前课后的时间处理管理事务。

问题33：我是否邀请教职员工参与学校层面的计划和决策，以赋予他们更多的权利?

通过邀请教职员工参与学校层面的计划制订及决策，你为他们提供了一个感受、参与学校运行管理的机会。

在刚刚担任校长的第一年，我错误地以为自己掌握着学校所有的权力，而我的职责就是监督别人。但我很快意识到这种做法无法充分发挥每个人的能力。在任校长的第二年，我认识到校长并不一定是学校里最聪明的人，事实上，很多有才华的教职员工，除了教学工作外，还可以胜任更多的职责，赋予他们更多的权力是我义不容辞的责任。

工作中千万不要单打独斗，否则你会变得孤掌难鸣。为了让员工自愿地协助你、支持你，你首先应该放权，给予他们更多的权力。鼓励员工们制定或修正校园的使命和愿景，就是一种放权的方式。比起强行灌输的思想，员工自己制定的使命和愿景更能够引起共鸣。

问题34：我运用数据来支撑教学决策吗?

你需要花大量的精力来识别、分析和运用数据。当你用这种方式思考时，你会发现学校里发生的每件事都是一个数据信息点，而每天每秒都有新的数据生成。

尽管你需要提出改进学校管理的看法，但你更需要用数据说话。通过数据，我们可以辨别出趋势和模式，解释不同的行为方式，并能够了解学校的情况。以下数据尤其能说明问题：

■ 迟到；

■ 出勤；

■ 纪律；

■ 成绩。

问问自己：

■ 这些数据如何为我的整体决策服务？

■ 它们如何影响我的管理方式？

■ 它们如何影响我与教职员工的互动？

问题35：我是否对本地的课程、本省（市）区的教学标准和国家层面的评估准则了如指掌，并在制订课程计划时充分考虑这些因素？

作为校长，你必须对教学的方方面面做到烂熟于心。除了了解当地的课程要求外，你还需要了解教育部的教学标准及评估要求，要求教师将教育部的教学方针作为教学和测验的标准，并体现在教学计划和课堂实践中。

付诸行动

> 重要之事决不可受芝麻绿豆小事牵绊。
>
> ——歌德

一、我的时间是怎样度过的

问题	很不同意	不同意	不太同意	比较同意	同意	很同意
1. 我花了很多时间在重要且需要立刻关注的活动上，例如危机、紧迫问题、截止日期将至的项目。	1	2	3	4	5	6
2. 我觉得总是"到处救火"，不断处理危机。	1	2	3	4	5	6
3. 我觉得自己浪费了好多时间。	1	2	3	4	5	6
4. 我花了很多时间在虽然紧迫但与我的第一要务毫无关系的事情上（诸如无端的干扰、不重要的会议、非紧急的电话和电子邮件）。	1	2	3	4	5	6

问题	很不同意	不同意	不太同意	比较同意	同意	很同意
5. 我花了很多时间在重要但不紧迫的事务上，例如做计划、准备、防范、改善人际关系、恢复和休整。	1	2	3	4	5	6
6. 我花了很多时间在繁忙的工作、强制性习惯、垃圾邮件、过多的电视节目、琐事和玩游戏上。	1	2	3	4	5	6
7. 我觉得由于防范得当、精心准备和周密计划，一切由我掌控。	1	2	3	4	5	6
8. 我觉得自己总是在处理对他人重要但对我并不重要的事情。	1	2	3	4	5	6

　　以上表格可以用来帮你快速评估自己花在紧急而不重要或不紧急而重要的事情上的时间和精力各有多少。针对上面的8个问题圈出你的自我评价，从1到6。

　　得分操作指南：

　　1. 把你在每个象限中的得分相加。

　　2. 在每个象限中用阴影涂画出四分之一圆，其半径等于你在该象限的得分。

例如：

问题 1=2

问题 2=4

总和 =6

紧急 重要	不紧急 重要
12 11 10 9 8 7 6 5 4 3 2 1 1 2 3 4 5 6 7 8 9 10 11 12	
紧急 不重要	不紧急 不重要

问题 1=

问题 2=

总和 =

问题 4=

问题 8=

总和 =

问题 5=

问题 7=

总和 =

问题 3=

问题 6=

总和 =

12 11 10 9 8 7 6 5 4 3 2 1 1 2 3 4 5 6 7 8 9 10 11 12

● 画一个时间管理矩阵，按照百分比将你的时间分配给每一类事务。然后以十五分钟为计时单位连续记录三天自己的日常活动。

二、我的周任务

思考一下。本周最优先的三项事务是什么？它们是你的第二象限活动吗？把它们写在下面。

1 _____

2 _____

3 _____

时间管理矩阵		
	紧急的	**不紧急的**
重要	I 危机 迫切问题 在限定时间内必须完成的任务	II 预防性措施、培育产能的活动 建立关系 明确新的发展机会 制订计划和休闲
不重要	III 接待访客、某些电话 某些信件、某些报告 某些会议 迫切需要解决的事务 公共活动	IV 琐碎忙碌的工作 某些信件 某些电话 消磨时间的活动 令人愉快的活动

记录你下周的时间会如何度过，并把各项活动填入以上时间管理矩阵的相应象限中。

三、我的目标

你已经知道了自己的大部分时间用在哪些领域。你是否有兴趣排除障碍？

你的工作把你引向何方？哪些小问题正影响着你力量的发挥？你的目标是什么？你对于自己在工作中的现状有何看法，请花几分钟把它写下来。

如果你不时会在工作中遇到困难并挣扎一番，那并不说明你有什么问题。很多人都这样。经常思考什么是自己的要事，有助于不断进步。想着自己的要事，回答下述问题：

1. 你是否确实想努力实现自己的目标，满足自己的意图？

若是，为什么？若不是，又为什么？

2. 什么在你的工作中能起作用，什么不起作用？

3. 你希望自己的工作有何改变？

4. 在你被各种大小事务淹没之前，列出几项你当前就能做出的小改变，暂不涉及全方位的重大变革。

5. 你已经写下几项你当前就能做出的小改变了，现在也请列出几项有助于你在工作上取得进步的长期目标和战略。

6. 你准备怎样为贯彻自己的目标和战略负起责任?

The
Principal
50

8

第八章

创新工作方式

如何拓展

人脉和提升领导力

问题36：我是否阅读关于教学领导力的最新专著和相关书籍？

你应该尽可能地搜集和阅读教学领导力相关的材料。我们周围最成功的人，往往能够"认识自己的不足"，并逐步加深对工作领域的了解。发展一套自己对教学领导力的认识对校长来说尤为重要。无论你在其他领域多么如鱼得水——只要教学方面出现短板，就会阻碍你提高学校整体分数表现。因此，你更应该抽时间花心思去学习所有教学领导力方面的书籍和期刊，特别是在规划每周、每日日程时，要预留出充足的时间完善和提升自己的专业能力。

问题37：我参加过教学领导力领域的职业发展会议和研讨会吗?

作为校长，必须不断提升自己的专业水平。为了切实地做到这一点，你必须挤出时间参加学术会议和研讨会。尽管包括我在内的许多校长都不希望在上课时间外出，但我们还是要利用每一个职业发展机遇进行自我提升。而且，参加会议可以让你结交来自世界各地、与你有相似经历的教育者。当知道有人和你并肩作战时，你也会增添许多力量。

问题38：我是否加入了任何教育协会?

加入教育协会是另一个提升专业水平的途径。这种专业类型的协会能够为你的教学实践提供大量有益信息。此外，他们会举办地区和国家级的会议，为你提供培训和社交的机会，还会出版月刊和报纸，这些都可以作为你提升实践能力的有效资源。

问题39：我向同事或同行请教过如何提升自己的教学领导力吗？

提升专业水平，不仅要依靠自己的努力，还要依赖校内外同行们的经验传授。首先，靠一己之力单打独斗往往难以取得成功。其次，你所在的社区肯定有遇到过类似问题且成功将其解决的能人，因此你不妨发掘周围的优质资源，虚心求教，一定可以取得进步。同时，要在校内和同事们建立良好的人际关系。毕竟三人行必有我师，借鉴同人的智慧，汲取对方的长处和智慧养分，才能互利共赢。只要想通了这个道理，你大可不必苦等学术会议，也不用花时间阅读文献了，你的身边就有能够帮你指点迷津的能人。

问题40：我是否会带着教师们到其他学校取经？

在我任高中校长时，经常会接待来自全国各地的教师团队来校参观，我也很乐意解答他们遇到的一些困惑；而一有机会我也会带着教师们四处走访，学习其他学校的成功经验。你要记住：作为领导者，切忌把自己孤立起来，必须建立自己的人脉，特别是和成功的校长、教师建立友好的关系。你不仅要和他们一起共事，一起合作，最重要的是向他们取经。

　　首先，你可以联系本地区或其他地区的同等规模的学校，询问他们是否允许你和教师们进行为期半天到一天的观摩，包括观察教学实践和学校整体运行情况。在日复一日的工作中，我们有时会变成井底之蛙，丧失提高效率的能力，而打开眼界的最好方法就是走出去。

付诸行动

> 每一任校长的经历都是独一无二的，每一所学校也都各不相同。但无论有什么样的学生，无论学校的规模大小，这些优秀校长之间都会有很多相同点。
>
> ——托德·威特克尔

一、丰富我的头脑

在当今多变的世界上，如果不能保持头脑敏锐，你将陷入大麻烦。回答下列问题，记下你的想法：

1. 你喜欢智力测验吗？喜欢哪种类型的智力测验？

2. 你曾尝试过写诗吗？写出的诗怎么样？

3. 你是否有一直感兴趣的事？那是什么事情？

4. 你喜欢阅读或参观博物馆吗？喜欢哪类书籍？哪类博物馆？

5. 你想培养什么业余爱好或手艺吗？

现在列出你对于智力上的更新活动的想法：

计划

选择你想由此开始的某个打算。把它写下来确认一下。例如，如果你的打算是每天学习一个新词，你可以这样写："以后三个星期，我将每天学习一个新词。"

我将_____

如果你决定学习一种新技能，你可能需要每周留出一个或两个时间段，连续安排几个星期。

评价

月底安排一次自我评价。现在就列入你的日程安排。评价时，检查自己的更新计划起了多大的作用。做一些必要的调整和改变。把你的进步记录在下面。

二、维护更新我的人脉

请回答下述问题：

1. 你想怎样加强与你的同事或上级领导的关系？

2. 你是否想更深入地了解怎样的互动才能对某段关系有所助益?

3. 你是否要为某个人设定专门的时间?

4. 你是否想帮你上过的中学排忧解难?

5. 你是否想更谦恭，更有礼貌？

6. 你是否想学习怎样善于倾听？

为了改善自己的社会关系，你想采取什么行动？请列在下面。

计划

哪个想法你想立刻开始实施？把它写下来加以确认。例如，如果你希望与学生关系更加亲密，你可以这样写："我将在每周二的选修课上，和我的学生一起阅读10到15分钟。"

我将_____

在下周安排具体时间改善这个关系。

评价

如果你希望自己的人际关系／教学领导力得到更新，你必须安排相应的活动和评估，并更经常地关注这些。每周不妨评估一下自己的成功和进步。

如果你足够勇敢，可尝试寻求反馈意见。询问别人的看法来反思自己的进步。

The Principal 50

9

职业路径

如何提供持续的
职业发展路径和机会

问题41：我为教师提供了持续的职业发展路径吗？

一支精明强干的教师队伍是整个学校成功的基石。要想取得卓越的成绩，需要教师具备各种技巧和策略去有效地激发学生的动力、教授学生知识、赋予学生自信。而作为校长，你是否为教师们准备好了教学所需的全部信息呢？除了做好教育管理者外，你还需要扮演职业发展师的角色，帮助教师更好地提升专业水平也是你的职责之一，包括直接给予教师职业发展建议，或为其提供职业发展的机遇。

问题42：我在教师会议上为教师们提供职业发展机遇了吗？

我刚担任校长时，每个月会举办两次全体职工大会。新官上任的我，通常会利用这段时间处理管理事务。而随着我逐渐进入角色，我慢慢意识到大可不必将时间浪费在处理事务上，相反，我们可以用大部分时间展开职业发展的讨论，可以是由我本人，或管理团队，或骨干教师，甚至本地的教学督导来主持这类讨论。至于事务性的工作则可以通过电子邮件轻松搞定。

尽管学校会面对各种不同的需求，以及来自各方的对于提高成绩的压力，但你仍要尽可能地抽出时间保证教师能够不断提升专业水平，从而帮助学生进步。

问题43：我能保证所有教师都积极参与关于职业发展的教师大会吗？

所有教师都有获得职业生涯发展的权利。作为校长，你必须保证每名教师都利用教师大会的时间提高自己的实践能力，而不是批改卷子或聊天。

问题44：我是否定期为教师提供专业书籍来提升他们的知识储备？

作为校长，你应让教师们了解最新的教学理论和研究动态，只有储备了大量的知识，教师才能够提高自身效率。尽管每位教师都研修过教学资格类课程，但在教学实践上，他们还有很长的路要走。即使经过多年的正规教学培训，所学内容也不过是纸上谈兵，而现在，教师们要面对的是性格各异的真实的学生，因此他们必须通过大量阅读，去了解如何满足不同类型的学生的学习需求。例如，我担任校长时，学校里大多是非裔和拉丁裔学生，不论教师们是什么种族，我都要求他们去成功地激励和教育这些在贫民区生活的非裔和拉丁裔学生。同时，不管学校的规模有多大，校长和教师都应关注学生群体对学习的特殊需求。

问题45：我邀请教师参加主题阅读活动吗？

阅读或读书俱乐部是帮助教师职业发展的另一个重要工具，它可以使教师们保持聚焦学校的最大关切。

你可以挑选关于"应对学生特殊学习需求"的书籍，

供教师们阅读，以期引发他们对这个问题的共同思考，

这也是你作为教学管理者和职业发展师的重要职责。

付诸行动

> 学习和进步都是受到一种欲望的驱使，那就是想要更好地做出贡献。
>
> ——史蒂芬·柯维

一、我的优先事务

围绕优先事务来安排自己的工作。它能帮你在工作中不断前行，只是你要清楚自己的优先事务是什么。

你最重要的五个优先事务是什么？把它们写在下面。

1 _____

2 _____

3 _____

4 _____

5 _____

你认为自己能全部完成上述五个优先事务的想法是否现实？你是否想过将有些事授权他人去做？

回头再看你列出的五个优先事务。思索几分钟，然后按重要性给它们排出先后顺序，并写在下面。

1
2
3
4
5

　　现在来看第四个和第五个优先事务，决定一下你怎样授权，至少授权每件事务的一小部分给其他人，这样你就能花最少的精力而仍然让它们有所进展。写下你的计划。

　　在前三个优先事务中，有些是否也可以授权他人？请记在下面。

二、建立我的信任

你在做上述练习的时候，脑子里是否想着没有什么能信任的人？你认为还不如自己做来得更快、更容易，这样做只是为了让他人得以学习和效仿？

回头看你准备授权他人的事务。你选择的是哪一种授权——"责任型授权"还是"指令型授权"？

现在从责任型授权的角度来看这个清单。通过提供成长的机会来培养相互信任。你想对自己的授权做出怎样的改变？把要做的改变记录在下面并付诸行动。

三、告诉你自己怎么做

把梯子倚靠在错误的墙壁上，你认为这句话是什么意思？你最近有没有移动过梯子？

你需要移动梯子吗？

为什么？

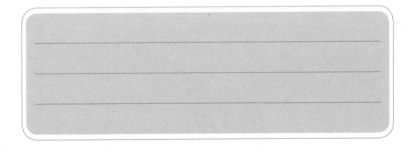

如果把你的工作比作一幅画的话，思考一下那个画面。

你会画什么？创造出这幅杰作，列出你准备采取的步骤，

你会使用的工具。

你会画什么？

The
Principal
50

(10)

第十章

家长及社区的参与

如何保持开放，

让更多人推动学校发展

问题46：我是否将家长和社区参与视为一项重要职责？

赢得家长和社区的参与及支持，将带给你更强大的助力。我在反思过去14年的校长生涯时发现，我所在的学校取得的所有进步都离不开家长和社区的协助。因此你必须有意识地邀请家长和社区成员积极参与到学校的活动中，毕竟多一个帮手，就多了一份激励和教育学生的力量。

在我任校长时，曾发起过两个项目，分别针对男女学生群体，旨在帮助他们顺利过渡到成人阶段。尽管这两个项目非常复杂，而且要求所有学生的参与，但在家长和社区的支持下最终取得了成功。要是没有学生的家人和邻里的协助，我的项目也难以取得预期的效果。

问题47：当家长和社区成员拜访学校时，我是否让他们感到宾至如归？

其实对于许多居住在市区的家长来说，学校可能会让他们联想到一些不愉快的回忆。例如我个人在上高中时就对学校彻底失去了兴趣和希望，除了体育运动几乎没有留下什么愉快的回忆，高中时代的心理阴影一直延续到我成年。即使我已经孕育了自己的孩子，成了一名家长，但只要一提到参观孩子的学校我仍会感到焦虑，而孩子所在学校老师的热情迎接则成了帮助我克服焦虑的唯一法宝。因此我希望学校能让家长感到宾至如归。

不妨问问自己：

■ 如何问候来学校参观的家长？

■ 我希望家长在学校收获什么样的体验？

■ 应采用什么形式的欢迎标语？

问题48：我邀请家长和社区加入学校的项目和活动吗？

家长和社区参与学校的项目和活动，能够带来有力的协同效应，这不仅有助于提高学生成绩，还能有效地提升校园整体士气。除了个别不适合家长或社区参与的项目，我强烈建议校长们充分运用家长和社区的力量，给校园带来积极的影响，并且一定要让他们自愿参与，乐在其中。

问题49：我对家长和社区保持开放吗？

除了学生和教师外，你还必须让社区的每个人都能够随时找到你。我任校长时，曾定下规矩：只要有事，不需要预约就可以来找我。在一年一度的返校大会上，我告诉家长，他们可以随时来找我交流，当然我也解释了，为了实现提高学生成绩的目标，上课时间我通常都在观摩教学。

我发现在任校长的这些年里，我经常需要家长和社区提供各种各样的支持。因此你要记住：作为校长，你需要和家长、社区建立统一战线。要想做到这一点，你必须有意识地赢得他们的信任。首先你要让家长和社区意识到你很重视他们的意见，并且重视他们的参与，同时你也要理解由于工作关系，他们在时间安排上可能会有所不便。

问题50：我能够接受家长和社区给予的建议吗？

除了邀请家长和社区参与外，你还需要接受来自他们的建议和意见，通过积极地听取他们的声音，能够让他们对校园产生归属感。家长和社区非但不应成为学校的敌人，反而要成为你的盟军。只有当教师、家长和社区团结在一起，学生才能够最大程度地受益。

付诸行动

> 相关研究得出的结论显而易见：当学习的价值被共同努力的学校和家庭/社区所珍视时，孩子所得到的激励才是最多的。这些参与的形式并不是由偶然或主动邀请来决定的。只有通过明确的战略干预，这样的联系才会出现。
>
> ——迈克尔·弗兰

一、你的圈子有多大

写下你在本周内所面临的各种挑战和问题。它们分别归入哪个圈子？你的瞬间回应又是什么？

挑战 / 问题	圈 子	回 应
交通拥堵	关注圈	愤怒、咒骂

你需要设法让自己的影响圈逐步扩大。从这两个圈子中各选一个你打算在下周改变应对方式从而加以克服的挑战。你将怎样

改变自己的回应以更有效地应对该挑战?

1. 影响圈

2. 关注圈

二、采取主动

找出一个在工作或生活中令你倍感挫折的问题,判断它属于直接控制、间接控制还是无法控制的问题,然后在影响圈内找出解决问题的第一步,并付诸行动。

试行"积极主动"原则30天,写下自己的影响圈有何变化。

你是否有什么事情一直想做，但又觉得缺少天赋、时间或能力？为了克服自己的弱点，你应当做些什么呢？一周伊始，你又能在本周做一件什么事呢？

如果你能改变自己生活中的某件事情，你想改变哪一件？

制订让你实现改变的计划，把它写下来。

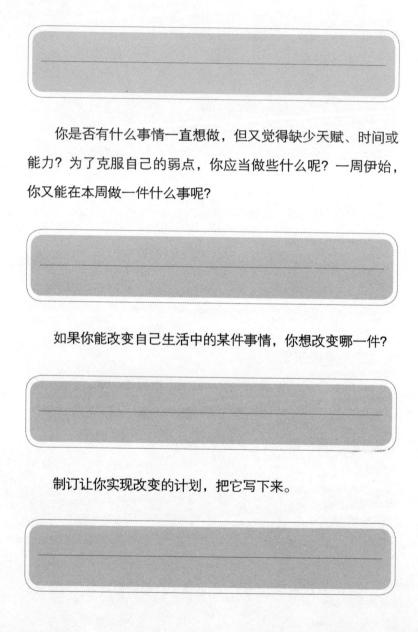

当我回顾这本书时，不禁洋溢起一种自豪感，在我出版的七本书中这是最短小的一本，却是我最得意的作品。过去15年中我一直想写这样一本书，但一直感到经验尚浅，现在这个愿望终于得以实现。

大家不要忘记，我首先是一名教育工作者，其次才是一名学者，因此书中没有理论阐述，只有经验之谈。我真诚地希望本书能够伴随并帮助你成长为一名更优秀的校园管理者，也希望在你追求卓越的过程中能够不时加以参考。

50个问题清单

问题1：在管理的过程中，我是否采用一个既定的目标来鞭策我的言行？

问题2：作为管理者，我做每件事是否都带有明确的目的？

问题3：我将管理视为职业还是使命？

问题4：我对学生的表现有愿景吗？

问题5：我把自己视为学生成功与否的第一要素吗？

问题6：我是否邀请教职员工参与学校品牌的讨论？

问题7：我能否确保教职员工们参与学校核心理念、价值观和指导原则的制定？

问题8：我是否确保了教职员工们参与学校的目标、使命和愿景的制定？

问题9：我用高标准来要求每名学生吗？我真的相信他们能够达到我的预期吗？

问题10：我是否定期向学生强化一个概念：他们来到我的

学校会取得出乎意料的成功？

问题11：我每天早上都和学生一一问好吗？

问题12：我是否通过一条内容丰富、激励人心的晨间公告来奠定校园每天的基调？

问题13：我一直在努力点燃师生对学习和教学的热情吗？

问题14：我确定学校的环境有利于学习吗？

问题15：我能确保每间教室都营造成了适宜学习的环境吗？

问题16：我营造的同事关系有利于提升教学吗？

问题17：我是否安排有经验的教师来提携新人？

问题18：我是否鼓励老教师观察新教师的工作情况，反之亦然？

问题19：我参加过教师小组会议、适时发表见解并给予指导吗？

问题20：我对教职员工表达过赞许和尊重吗？

问题21：我能够基于自身的研究和经验，提炼出个人的教学理念吗？

问题22：我是否清楚地认识到，提高学生成绩和持续地提升教学水平是我作为校长的首要任务？

问题23：我将每天的大部分时间都花在观摩教学上了吗？

问题24：在以学生为中心的、适应多种文化的学习环境中，我能够保证教师应用一系列的教学策略去应对不同学习风格、不同能力层次和不同需求的学生吗？

问题25：我在教学观摩后立即给教师反馈吗？

问题26：我是否让教师在满足上级要求的同时，确保所有学生都想努力获得更好的成绩？

问题27：我是否拒绝接受失败，为失败找借口，或者允许学校里出现失败？

问题28：我敢于对学生的成功和失败负责吗？

问题29：我是否为学生做出了表率？

问题30：我反省、评估过自己的领导力吗？

问题31：我是否根据自己制定的关于提高学生成绩的行动方案编制每天的工作计划？

问题32：我能够有效地组织日常工作吗？

问题33：我是否邀请教职员工参与学校层面的计划和决策，以赋予他们更多的权利？

问题34：我运用数据来支撑教学决策吗？

问题35：我是否对本地的课程、本省（市）区的教学标准和国家层面的评估准则了如指掌，并在制订课程计划时充分考虑这些因素？

问题36：我是否阅读关于教学领导力的最新专著和相关书籍？

问题37：我参加过教学领导力领域的职业发展会议和研讨会吗？

问题38：我是否加入了任何教育协会？

问题39：我向同事或同行请教过如何提升自己的教学领导力吗？

问题40：我是否会带着教师们到其他学校取经？

问题41：我为教师提供了持续的职业发展路径吗？

问题42：我在教师会议上为教师们提供职业发展机遇了吗？

问题43：我能保证所有教师都积极参与关于职业发展的教师大会吗？

问题44：我是否定期为教师提供专业书籍来提升他们的知识储备？

问题45：我邀请教师参加主题阅读活动吗？

问题46：我是否将家长和社区参与视为一项重要职责？

问题47：当家长和社区成员拜访学校时，我是否让他们感

到宾至如归？

问题48：我邀请家长和社区加入学校的项目和活动吗？

问题49：我对家长和社区保持开放吗？

问题50：我能够接受家长和社区给予的建议吗？

　　谨以此书献给在领导力方面对我影响至深的弗兰克·梅根斯先生。梅根斯先生曾担任位于纽约布鲁克林区贝德福—史蒂文森地段的高中（Boys and Girls）校长。他在1986年接管了这家拥有4000名学生的男女生寄宿学校，当时这所高中可谓臭名昭著，暴力、辍学、缺勤、成绩差的现象比比皆是，而梅根斯先生通过他的领导力彻底改变了这一切——他不仅令学生们重新爱上学习，让教师们重燃对教学的热情，更使这所高中成为全美知名的优秀学校，这些都让我为之折服和钦佩。他的精神不仅激励我成为一名教师，更引导着我最终成为一名教育管理者，而他的经历也成为我所运用的管理方法的基石。

弗兰克·梅根斯先生于2004年退休，2009年与世长辞。在他离世前，我有幸在一次教学研讨会上见到了他本人。那次会上我有一个发言，在发言之前，我走到他身边向他介绍自己，他说："巴鲁蒂·卡费勒！我知道你！这些年来我一直在关注你的作品！我为你感到骄傲！"我完全没有想到他会知道我是谁，更不敢想象他竟然一直在关注我的作品，就像我一直以来关注他的作品一样，那是我职业生涯中非常难忘的一个瞬间。

感谢你，弗兰克·梅根斯先生，感谢你为孩子们做的一切，也感谢你给予我的所有鼓励。

"常青藤"书系—中青文教师用书总目录

书名	书号	定价
特别推荐——从优秀到卓越系列		
★ 从优秀教师到卓越教师：极具影响力的日常教学策略（入选浙江省教师节用书）	9787515312378	33.80
★ 从优秀教学到卓越教学：让学生专注学习的最实用教学指南	9787515324227	39.90
★ 从优秀学校到卓越学校：他们的校长在哪些方面做得更好	9787515325637	33.80
★ 卓越课堂管理（中国教育新闻网2015年度"影响教师的100本书"）	9787515331362	88.00
名师新经典/教育名著		
★ 马文·柯林斯的教育之道：通往卓越教育的路径（《中国教育报》2019年度"教师喜爱的100本书"，中国教育新闻网"影响教师的100本书"。朱永新作序，李希贵力荐）	9787515355122	49.80
★ 如何当好一名学校中层：快速提升中层能力、成就优秀学校的31个高效策略	9787515346519	29.00
★ 像冠军一样教学：引领学生走向卓越的62个教学诀窍	9787515343488	49.00
像冠军一样教学2：引领教师掌握62个教学诀窍的实操手册与教学资源	9787515352022	68.00
★ 如何成为高效能教师（美国最畅销教师用书，销量超过350万册，教师培训第一书）	9787515301747	89.00
★ 给教师的101条建议（第三版）（《中国教育报》"最佳图书"奖）	9787515342665	33.00
★ 改善学生课堂表现的50个方法（入选《中国教育报》"影响教师的100本书"）	9787500693536	33.00
改善学生课堂表现的50个方法操作指南：小技巧获得大改变	9787515334783	29.00
★ 优秀教师一定要知道的17件事（美国当前最有影响教育畅销书作者全新力作）	9787515342726	23.00
美国中小学世界历史读本/世界地理读本/艺术史读本	9787515317397等	106.00
美国语文读本1-6	9787515314624等	252.70
和优秀教师一起读苏霍姆林斯基	9787500698401	27.00
快速破解60个日常教学难题	9787515339320	39.90
★ 美国最好的中学是怎样的——让孩子成为学习高手的乐园	9787515344713	28.00
建立以学习共同体为导向的师生关系：让教育的复杂问题变得简单	9787515353449	33.80
教师成长/专业素养		
卓越教师工具包：帮你顺利度过从教的前5年	9787515361345	49.00
★ 可见的学习与深度学习：最大化学生的技能、意志力和兴奋感	9787515361116	45.00
学生教给我的17件重要的事：带给你爱、勇气、坚持与创意的人生课堂	9787515361208	39.80
★ 教师如何持续学习与精进	9787515361109	39.00
从实习教师到优秀教师	9787515358673	39.90
像领袖一样教学：改变学生命运，使学生变得更好（中国教育新闻网2015年度"影响教师的100本书"）	9787515355375	49.00
★ 你的第一年：新教师如何生存和发展	9787515351599	33.80
教师精力管理：让教师高效教学，学生自主学习	9787515349169	28.00
如何使学生成为优秀的思考者和学习者：哈佛大学教育学院课堂思考解决方案	9787515348155	39.80
反思性教学：一个已被证明能让所有教师做到最好的培训项目（30周年纪念版）	9787515347837	49.00
★ 凭什么让学生服你：极具影响力的日常教育策略（中国教育新闻网2017年度"影响教师的100本书"）	9787515347554	28.00
运用积极心理学提高学生成绩（中国教育新闻网2017年度"影响教师的100本书"）	9787515345680	39.80

书名	书号	定价
可见的学习与思维教学：成长型思维教学的54个教学资源：教学资源版	9787515354743	36.00
★ 可见的学习与思维教学：让教学对学生可见，让学习对教师可见（中国教育报2017年度"教师最喜爱的100本书"）	9787515345000	29.80
教学是一段旅程：成长为卓越教师你一定要知道的事	9787515344478	39.00
安奈特·布鲁肖写给教师的101首诗	9787515340982	35.00
万人迷老师养成宝典学习指南	9787515340784	28.00
中小学教师职业道德培训手册：师德的定义、养成与评估	9787515340777	32.00
成为顶尖教师的10项修炼（中国教育新闻网2015年度"影响教师的100本书"）	9787515334066	35.00
★ T. E. T. 教师效能训练：一个已被证明能让所有年龄学生做到最好的培训项目（30周年纪念版）（中国教育新闻网2015年度"影响教师的100本书"）	9787515332284	49.00
教学需要打破常规：全世界最受欢迎的创意教学法（中国教育新闻网2015年度"影响教师的100本书"）	9787515331591	33.00
10天卓越教师自我培训（教育家安奈特·布鲁肖顶尖卓越教师培训教材）	9787515329925	29.00
给幼儿教师的100个创意：幼儿园班级设计与管理 / 为幼升小做准备	9787515330310等	58.00
给小学教师的100个创意：发展思维能力	9787515327402	29.00
给中学教师的100个创意：如何激发学生的天赋和特长 / 杰出的教学 / 快速改善学生课堂表现	9787515330723等	87.90
以学生为中心的翻转教学11法	9787515328386	29.00
如何使教师保持职业激情	9787515305868	29.00
★ 如何培训高效能教师：来自全美权威教师培训项目的建议	9787515324685	32.00
良好教学效果的12试金石：每天都需要专注的事情清单	9787515326283	29.90
★ 让每个学生主动参与学习的37个技巧	9787515320526	28.00
给教师的40堂培训课：教师学习与发展的最佳实操手册	9787515352787	39.90
提高学生学习效率的9种教学方法	9787515310954	27.80
★ 优秀教师的课堂艺术：唤醒快乐积极的教学技能手册	9787515342719	26.00
★ 万人迷老师养成宝典（第2版）（入选《中国教育报》"2010年影响教师的100本书"）	9787515342702	29.00
高效能教师的9个习惯	9787500699316	26.00
课堂教学/课堂管理		
跨学科项目式教学：通过"+1"教学法进行计划、管理和评估	9787515361086	49.00
课堂上最重要的56件事	9787515360775	35.00
★ 全脑教学与游戏教学法	9787515360690	39.00
★ 深度教学：运用苏格拉底式提问法有效开展备课设计和课堂教学	9787515360591	49.90
★ 一看就会的课堂设计：三个步骤快速构建完整的课堂管理体系	9787515360584	39.90
如何有效激发学生学习兴趣	9787515360577	38.00
如何解决课堂上最关键的9个问题	9787515360195	49.00
多元智能教学法：挖掘每一个学生的最大潜能	9787515359885	39.90
★ 探究式教学：让学生学会思考的四个步骤	9787515359496	39.00
课堂提问的技术与艺术	9787515358925	49.00
如何在课堂上实现卓越的教与学	9787515358321	49.00

书名	书号	定价
基于学习风格的差异化教学	9787515358437	39.90
★ 如何在课堂上提问：好问题胜过好答案	9787515358253	39.00
★ 高度参与的课堂：提高学生专注力的沉浸式教学	9787515357522	39.90
让学习变得有趣	9787515357782	39.00
如何利用学校网络进行项目式学习和个性化学习	9787515357591	39.90
基于问题导向的互动式、启发式与探究式课堂教学法	9787515356792	49.00
如何在课堂中使用讨论：引导学生讨论式学习的60种课堂活动	9787515357027	38.00
如何在课堂中使用差异化教学	9787515357010	39.90
★ 如何在课堂中培养成长型思维	9787515356754	39.90
每一位教师都是领导者：重新定义教学领导力	9787515356518	39.90
教室里的1-2-3魔法教学：美国广泛使用的从学前到八年级的有效课堂纪律管理	9787515355986	39.90
如何在课堂中使用布卢姆教育目标分类法	9787515355658	39.00
如何在课堂上使用学习评估	9787515355597	39.00
7天建立行之有效的课堂管理系统：以学生为中心的分层式正面管教	9787515355269	29.90
积极课堂：如何更好地解决课堂纪律与学生的冲突	9787515354590	38.00
设计智慧课堂：培养学生一生受用的学习习惯与思维方式	9787515352770	39.00
追求学习结果的88个经典教学设计：轻松打造学生积极参与的互动课堂	9787515353524	39.00
从备课开始的100个课堂活动设计：创造积极课堂环境和学习乐趣的教师工具包	9787515353432	33.80
老师怎么教，学生才能记得住	9787515353067	48.00
多维互动式课堂管理：50个行之有效的方法助你事半功倍	9787515353395	39.80
智能课堂设计清单：帮助教师建立一套规范程序和做事方法	9787515352985	49.90
提升学生小组合作学习的56个策略：让学生变得专注、自信、会学习	9787515352954	29.90
快速处理学生行为问题的52个方法：让学生变得自律、专注、爱学习	9787515352428	39.00
王牌教学法：罗恩·克拉克学校的创意课堂	9787515352145	39.80
让学生快速融入课堂的88个趣味游戏：让上课变得新颖、紧凑、有成效	9787515351889	39.00
★ 如何调动与激励学生：唤醒每个内在学习者（李希贵校长推荐全校教师研读）	9787515350448	39.80
合作学习技能35课：培养学生的协作能力和未来竞争力	9787515340524	45.00
基于课程标准的STEM教学设计：有趣有料有效的STEM跨学科培养教学方案	9787515349879	68.00
如何设计教学细节：好课堂是设计出来的	9787515349152	39.00
15秒课堂管理法：让上课变得有料、有趣、有秩序	9787515348490	33.80
混合式教学：技术工具辅助教学实操手册	9787515347073	39.80
从备课开始的50个创意教学法	9787515346618	29.00
中学生实现成绩突破的40个引导方法	9787515345192	33.00
给小学教师的100个简单的科学实验创意	9787515342481	39.00
老师如何提问，学生才会思考	9787515341217	33.80
教师如何提高学生小组合作学习效率	9787515340340	29.00
卓越教师的200条教学策略	9787515340401	35.00
中小学生执行力训练手册：教出高效、专注、有自信的学生	9787515335384	33.80
从课堂开始的创客教育：培养每一位学生的创造能力	9787515342047	33.00

书名	书号	定价
提高学生学习专注力的8个方法：打造深度学习课堂	9787515333557	35.00
改善学生学习态度的58个建议	9787515324067	25.00
★ 全脑教学（中国教育新闻网2015年度"影响教师的100本书"）	9787515323169	38.00
★ 全脑教学与成长型思维教学：提高学生学习力的92个课堂游戏	9787515349466	39.00
★ 哈佛大学教育学院思维训练课	9787515325101	36.00
完美结束一堂课的35个好创意	9787515325163	28.00
如何更好地教学：优秀教师一定要知道的事（被英国教育界奉为圣经的教学用书）	9787515324609	36.00
带着目的教与学	9787515323978	28.00
★ 美国中小学生社会技能课程与活动（学前阶段/1-3年级/4-6年级/7-12年级）	9787515322537等	153.80
彻底走出教学误区：开启轻松智能课堂管理的45个方法	9787515322285	28.00
破解问题学生的行为密码：如何教好焦虑、逆反、孤僻、暴躁、早熟的学生	9787515322292	36.00
13个教学难题解决手册	9787515320502	28.00
★ 让学生爱上学习的165个课堂游戏	9787515319032	39.00
美国学生游戏与素质训练手册：培养孩子合作、自尊、沟通、情商的103种教育游戏	9787515325156	49.00
老师怎么说，学生才会听	9787515312057	28.00
快乐教学：如何让学生积极与你互动（入选《中国教育报》"影响教师的100本书"）	9787500696087	29.00
★ 老师怎么教，学生才会提问	9787515317410	29.00
★ 快速改善课堂纪律的75个方法	9787515313665	28.00
★ 教学可以很简单：高效能教师轻松教学7法	9787515314457	39.00
★ 好老师可以避免的20个课堂错误（入选《中国教育报》"影响教师的100本图书"）	9787500688785	39.90
★ 好老师应对课堂挑战的25个方法（《给教师的101条建议》作者新书）	9787500699378	25.00
★ 好老师激励后进生的21个课堂技巧	9787515311838	39.80
开始和结束一堂课的50个好创意	9787515312071	29.80
好老师因材施教的12个方法（美国著名教师伊莉莎白"好老师"三部曲）	9787500694847	22.00
★ 如何打造高效能课堂（美国《学习》杂志"教师必选"奖，"激励教师组织"推荐书目）	9787500680666	29.00
合理有据的教师评价：课堂评估衡量学生进步	9787515330815	29.00
班主任工作/德育		
★ 北京四中8班的教育奇迹	9787515321608	36.00
★ 师德教育培训手册	9787515326627	29.80
中小学教师职业道德培训手册：师德的定义、养成与评估	9787515340777	32.00
★ 好老师征服后进生的14堂课（美国著名教师伊莉莎白"好老师"三部曲）	9787500693819	39.90
优秀班主任的50条建议：师德教育感动读本（《中国教育报》专题推荐）	9787515305752	23.00
学校管理/校长领导力		
★ 学校管理最重要的48件事	9787515361055	39.80
重新设计学习和教学空间：设计利于活动、游戏、学习、创造的学习环境	9787515360447	49.90
重新设计一所好学校：简单、合理、多样化地解构和重塑现有学习空间和学校环境	9787515356129	49.00
让樱花绽放英华	9787515355603	79.00
学校管理者平衡时间和精力的21个方法	9787515349886	29.90
校长引导中层和教师思考的50个问题	9787515349176	29.00

书名	书号	定价
如何定义、评估和改变学校文化	9787515340371	29.80
优秀校长一定要做的18件事（入选《中国教育报》"2009年影响教师的100本书"）	9787515342733	26.00
学科教学/教科研		
北京四中语文课：千古文章	9787515360973	59.00
北京四中语文课：亲近经典	9787515360980	59.00
从备课开始的56个英语创意教学：快速从小白老师到名师高手	9787515359878	49.90
美国学生写作技能训练	9787515355979	39.90
《道德经》妙解、导读与分享（诵读版）	9787515351407	49.00
京沪穗江浙名校名师联手教你：如何写好中考作文	9787515356570	49.90
京沪穗江浙名校名师联手授课：如何写好高考作文	9787515356686	49.80
人大附中中考作文取胜之道	9787515345567	39.80
人大附中高考作文取胜之道	9787515320694	33.80
人大附中学生这样学语文：走近经典名著	9787515328959	33.80
四界语文（中国教育报2017年度"教师喜爱的100本书"）	9787515348483	49.00
让小学一年级孩子爱上阅读的40个方法	9787515307589	39.90
让学生爱上数学的48个游戏	9787515326207	26.00
轻松100课教会孩子阅读英文	9787515338781	88.00
情商教育/心理咨询		
9节课，教你读懂孩子：妙解亲子教育、青春期教育、隔代教育难题	9787515351056	39.80
学生版盖洛普优势识别器（独一无二的优势测量工具）	9787515350387	169.00
与孩子好好说话（获"美国国家育儿出版物（NAPPA）金奖"，沟通圣经）	9787515350370	39.80
中小学心理教师的10项修炼	9787515309347	36.00
别和青春期的孩子较劲（增订版）（入选《中国教育报》"2009年影响教师的100本书"）	9787515343075	28.00
100条让孩子胜出的社交规则	9787515327648	28.00
守护孩子安全一定要知道的17个方法	9787515326405	32.00
幼儿园/学前教育		
用蒙台梭利教育法开启0~6岁男孩潜能	9787515361222	45.00
德国幼儿的自我表达课：不是孩子爱闹情绪，是她/他想说却不会说！	9787515359458	59.00
德国幼儿教育成功的秘密：近距离体验德国学前教育理念与幼儿园日常活动安排	9787515359465	49.80
美国儿童自然拼读启蒙课：至关重要的早期阅读训练系统	9787515351933	49.80
幼儿园30个大主题活动精选：让工作更轻松的整合技巧	9787515339627	39.80
美国幼儿教育活动大百科：3-6岁儿童学习与发展指南用书 科学/艺术/健康与语言/社会	9787515324265等	600.00
蒙台梭利早期教育法：3-6岁儿童发展指南（理论版）	9787515322544	29.80
蒙台梭利儿童教育手册：3-6岁儿童发展指南（实践版）	9787515307664	33.00
自由地学习：华德福的幼儿园教育	9787515328300	29.90
赞美你：奥巴马给女儿的信	9787515303222	36.00
史上最接地气的幼儿书单	9787515329185	39.80

书名	书号	定价
教育主张/教育视野		
基于七个习惯的自我领导力教育设计：让学校育人更有道，让学生自育更有根	9787515362809	69.00
终身学习：让学生在未来拥有不可替代的决胜力	9787515360560	49.90
颠覆性思维：为什么我们的阅读方式很重要	9787515360393	39.90
如何教学生阅读与思考：每位教师都需要的阅读训练手册	9787515359472	39.00
"互联网+"时代，如何做一名成长型教师	9787515340302	29.90
教出阅读力	9787515352800	39.90
为学生赋能：当学生自己掌控学习时，会发生什么	9787515352848	33.00
如何用设计思维创意教学：风靡全球的创造力培养方法	9787515352367	39.80
如何发现孩子：实践蒙台梭利解放天性的趣味游戏	9787515325750	32.00
如何学习：用更短的时间达到更佳效果和更好成绩	9787515349084	49.00
教师和家长共同培养卓越学生的10个策略	9787515331355	27.00
★ 如何阅读：一个已被证实的低投入高回报的学习方法	9787515346847	39.00
芬兰教育全球第一的秘密（钻石版）(《中国教育报》等主流媒体专题推荐，台湾地区教育类畅销书榜第一名)	9787515359922	59.00
世界最好的教育给父母和教师的45堂必修课（《芬兰教育全球第一的秘密》2)	9787515342696	28.00
★ 杰出青少年的7个习惯（精英版）(中小学图书馆推荐书目、中国青少年必读书目)	9787515342672	39.00
杰出青少年的7个习惯（成长版)	9787515335155	29.00
★ 杰出青少年的6个决定（领袖版）(中小学图书馆推荐书目、中国青少年必读书目、全国优秀出版物奖)	9787515342658	28.00
★ 7个习惯教出优秀学生（第2版）(全球第一畅销书《高效能人士的七个习惯》教师版)	9787515342573	39.90
学习的科学：如何学习得更好更快（入选中国教育网2016年度"影响教师的100本书")	9787515341767	39.80
杰出青少年构建内心世界的5个坐标（中国青少年成长公开课)	9787515314952	59.00
★ 跳出教育的盒子（第2版）(美国中小学教学经典畅销书)	9787515344676	35.00
夏烈教授给高中生的19场讲座（入选《中国教育报》"2013年最受教师欢迎的100本书")	9787515318813	29.90
★ 学习之道：美国公认经典学习书	9787515342641	39.00
★ 翻转学习：如何更好地实践翻转课堂与慕课教学（中国教育新闻网2015年度"影响教师的100本书")	9787515334837	32.00
★ 翻转课堂与慕课教学：一场正在到来的教育变革	9787515328232	26.00
翻转课堂与混合式教学：互联网+时代，教育变革的最佳解决方案	9787515349022	29.80
翻转课堂与深度学习：人工智能时代，以学生为中心的智慧教学	9787515351582	29.80
★ 奇迹学校：震撼美国教育界的教学传奇（中国教育新闻网2015年度"影响教师的100本书")	9787515327044	36.00
★ 学校是一段旅程：华德福教师1-8年级教学手记	9787515327945	32.00
★ 高效能人士的七个习惯（30周年纪念版）(全球畅销书)	9787515360430	79.00

您可以通过如下途径购买：
1. 书　　店：各地新华书店、教育书店。
2. 网上书店：当当网（www.dangdang.com）、亚马逊中国网（www.amazon.cn）、天猫（zqwts.tmall.com）
　　　　　　京东网（www.360buy.com）。
3. 团　　购：各地教育部门、学校、教师培训机构、图书馆团购，可享受特别优惠。
　　购书热线：010-65511270 / 65516873

"七个习惯"教育 / 自我领导力教育

让学校育人更有道，让学生自育更有根

独到、系统、可立即参考使用的
自我领导力教育案例、教学方法和活动模板，
以及建立领导力文化的步骤和策略

基于七个习惯的自我领导力教育设计

作者：王雷英 / 主编　朱旭艳 / 副主编
定价：69.00元

第一本中国本土化自我领导力教育创新读本

首次将备受推崇的"自我领导力"教育有机融入课程设计和

教学系统，做出了"自我领导力教育"优秀示范——

学校全面进入走心的学习状态，老师、学生、家长全员参与，

形成了一个合理、有序、平衡的完整学习影响圈。

7个习惯教出优秀学生（第2版）

作者：[美] 史蒂芬·柯维
定价：39.90元

诠释"一次培养，终身领袖"的教育理念
解密"七个习惯"教育广泛运用并风靡全球的成功密码

✓ 纪律问题大大减少，校园文化显著改善

✓ 学生自信心暴涨，成绩迅速提高

✓ 家长满意度提升，教师荣誉感增强